www.ingramcontent.com/pod-product-compliance
Lightning Source LLC
Chambersburg PA
CBHW081434220526
45466CB00008B/2386
* 9 7 8 1 6 8 8 1 8 9 5 9 1 *